SANTA ANA PUBLIC LIBRARY

D0515513

CRECER EN UNA GRANJA

LA VIDA EN LA GRANJA

Lynn M. Stone

Traducido por Eida de la Vega

J SP 630.973 STO
Stone, Lynn M.
Crecer en una granja
31994011518393

Rourke Publishing LLC
Vero Beach, Florida 32964

© 2002 Rourke Publishing LLC

Reservados todos los derechos. Ninguna parte de este libro puede ser reproducida o almacenada en manera alguna ni por ningún medio, ya sea electrónico, mecánico, fotocopia, grabación, ni por sistemas de almacenamiento y recuperación, sin permiso previo del editor.

www.rourkepublishing.com

DERECHOS DE LAS FOTOGRAFÍAS:
Todas la fotografías © Lynn M. Stone

SERVICIOS EDITORIALES
Pamela Schroeder

Catalogado en la Biblioteca del Congreso bajo:

Stone, Lynn M.

ISBN 1-58952-186-2

Impreso en EE. UU. – Printed in the U.S.A.

CONTENIDO

CRECER EN UNA GRANJA

Ya casi nadie en Norteamérica crece en una granja. Cada año hay menos y menos granjas familiares. Pero para algunos niños afortunados, su hogar es una granja.

Algunos niños todavía tienen la suerte de crecer en una granja familiar.

La mayoría de los niños crecen en las ciudades o en los **suburbios**. Crecer en una granja es diferente. Las granjas están en lugares rurales, "en el campo". Las granjas están lejos de las calles llenas de gente y de las largas hileras de edificios.

Las granjas están rodeadas de campos, bosques y riachuelos. Los amigos viven, a menudo, a varias millas de distancia. La única forma de ir a la escuela es en el autobús escolar.

Los niños que viven en granjas crecen en áreas rurales, lejos de las ciudades y de los suburbios.

LAS LABORES DE LA GRANJA

Todos en la granja tienen asignada alguna **labor**. Las familias granjeras trabajan juntas. Los niños ayudan a alimentar y dar de beber a los animales. También ayudan a limpiar los corrales y a recoger los huevos. Los niños mayores ayudan a ordeñar las vacas y a conducir tractores. En ocasiones, hace falta juntar y llevar a casa un rebaño de vacas.

¡Menuda labor cuando hay que atrapar la cena del Día de Acción de Gracias!

En verano y en otoño hay labores en el huerto. Hay que recoger bayas. Hay que **despinochar** el maíz. Hay que sacar las zanahorias de la tierra y lavarlas.

Con frecuencia, hay que alimentar con biberón a los animales recién nacidos. Hay que cortar la maleza. Hay que apartar las rocas. Hay que podar los árboles. A veces, hay que cortar leña y apilarla.

Unas niñas llenan el comedero de las gallinas rayadas.

Esta niña tiene que criar un ternero Guernsey para un proyecto del Club 4H.

El ganado y los niños usan las lagunas de la granja de forma diferente.

LAS DIVERSIONES DE LA GRANJA

Crecer en una granja no significa sólo trabajo. Los niños exploran los campos y los bosques. Pescan y nadan en las lagunas y ríos cercanos.

Si quieren, pueden aprender a cazar ciervos y patos. Recogen savia de arce, nueces negras y puntas de flechas indias. Muchos pertenecen al **Club 4H** y muestran sus proyectos en ferias.

Jóvenes colectores de savia de arce comparten la dulce savia con los caballos.

LA VIDA EN LA GRANJA

Los niños que viven en las granjas ven cosas diferentes de las que ven los niños de la ciudad. Oyen sonidos diferentes y respiran olores diferentes.

Lejos de las luces de la ciudad, los niños de las granjas ven un cielo más oscuro y unas estrellas más brillantes. Los niños de las granjas ven nacer y crecer a los animales. En ocasiones, también los ven morir.

Los niños que viven en granjas cuidan y ayudan a crecer a los animales de la granja.

Los niños que viven en granjas ven la naturaleza de mil maneras distintas. Ven las semillas desaparecer bajo la tierra. Después, ven brotar las flores y los frutos. Ven cómo la luz del sol y la lluvia transforman el color de los campos de marrón a verde.

Los niños oyen sonidos mágicos: el croar de los sapos en primavera y el alegre gorjeo de los pájaros.

Los niños de la granja observan cómo
el pasto de la primavera se convierte
en cojines de hierba verde.

Las noches están llenas de "música" campestre. Una vaca muge. Una cigarra canta. Una rana croa a la orilla de una laguna. Un **chotacabras** silba en el bosque. Un búho le responde ululando. Y la mañana llega con el canto del gallo.

Cuando el cielo se llena de nubes, los niños huelen la lluvia. Huelen el heno recién cortado y las flores del manzano. Huelen el vapor de la dulce **savia** del arce y el fresco olor de los árboles perennes.

Un gallo canta sobre un viejo recipiente de leche.

Los granjeros les trasmiten muchas habilidades a sus hijos. Los niños aprenden cómo reparar casi cualquier cosa que se rompa. No importa si es una cerca, un tractor o una llanta.

Aprenden a cultivar, a plantar y a cosechar. Aprenden a llevar registros en los libros, a manejar la computadora y a llamar a las vacas. En parte son **mecánicos** y en parte son **científicos**. Se convierten en empresarios y en veterinarios.

GLOSARIO

chotacabras — pájaro marrón del este de Norteamérica que silba por las noches en los bosques

científico — persona que estudia una ciencia como la biología o la ecología

Club 4H — grupo de participación para chicos que destaca la importancia de las manos, del corazón, de la salud y de la cabeza

despinochar — quitar las hojas que cubren la mazorca de maíz

labor — trabajo, especialmente el trabajo en una granja

mecánico — una persona que arregla máquinas

savia — líquido claro que producen los arces para llevar el alimento a las ramas y a las hojas

suburbio — pueblo o ciudad pequeña que se halla cerca de una ciudad más grande

ÍNDICE

Lecturas recomendadas

Avi. *The Barn*. William Morrow, 1996
Yolen, Jane. *Raising Yoder's Barn*. Little, Brown, 1998

Páginas Web recomendadas

www.fourhcouncil.edu

Acerca del autor

Lynn Stone es autor de más de 400 libros infantiles. Sacar fotografías de la naturaleza es otro de sus talentos. Lynn, que antes fue maestro, viaja por todo el mundo para fotografiar la vida salvaje en su hábitat natural.